Sylvia Englert

Schiffe

Mit Illustrationen von
Arno Kolb

cbj ist der Kinder- und Jugendbuchverlag
in der Verlagsgruppe Random House

Unser herzlicher Dank gilt allen, die uns bei der Beantwortung der Fragen unterstützt haben:
dem Lotsen Marcus Jünger, Gerrit Tuschling von der Hochschule Wismar, Maike und Malte Werning von Leuchttuerme.net,
Jörg Pollmann, dem Hafenkapitän von Hamburg, und dem Wikinger-Experten Christof Müller.
Robin Alexander Münker hat bei den Experimenten geholfen und war der erste Testleser.
Und natürlich danken wir Matthias Körnich von der Redaktion der »Sendung mit der Maus« (WDR).

Verlagsgruppe Random House FSC-DEU-0100
Das für dieses Buch verwendete FSC-zertifizierte Papier
Profibulk liefert Sappi, Alfeld.

Gesetzt nach den Regeln der Rechtschreibreform

1. Auflage 2012
© 2012 cbj, München
© I. Schmitt-Menzel / WDR mediagroup licensing GmbH
Die Sendung mit der Maus ® WDR
Alle Rechte vorbehalten
Lektorat: Ulrike Hauswaldt
Redaktion: Anette Weiß
Bildredaktion: Tanja Nerger
Umschlagbild und Innenillustrationen: Jutta Knipping
Umschlagkonzeption: Init. büro für gestaltung, Bielefeld
Bildnachweis für Innenfotos: DDP Images: 33 o., 33 u. (AP Photo/Mark Duncan);
Gettyimages: 30 (The Image Bank/Thierry Dosogne);
Interfoto: 4 (Science & Society); Marcus Jünger: 40; Picture Alliance: 17 o. (DPPI/Julien Girardot),
17 u. (dpa/epa AAP/Nearmy), 45 (dpa/Alfred-Wegener-Institut/Jan Meier),
53 (dpa/Scanpix); SPRI (Scott Polar Research Institute): 43; ullstein bild: 46 (AP).
Mausillustrationen: Ina Mertens
AW · Herstellung: Antonia Grüschow
Layout und Satz: Sabine Hüttenkofer, Großdingharting
Reproduktion: Wahl Media GmbH, München
Gesamtherstellung: PrintConsult GmbH, München
ISBN 978-3-570-15326-0
Printed in Slovac Republic

www.cbj-verlag.de

Inhalt

- **4** Wer hat das Schiff erfunden?
- **6** Warum schwimmen Schiffe, obwohl sie aus Eisen sind?
- **8** Können Segelboote auch gegen den Wind fahren?
- **10** Wieso hatten Wikingerschiffe einen Drachenkopf?
- **12** Warum heißt es auf einem Schiff »steuerbord« und »backbord« und nicht rechts und links?
- **14** Mit welchem Schiff hat Kolumbus Amerika entdeckt?
- **16** Kann man rund um die Welt segeln?
- **18** Werden auch Matrosen seekrank?
- **20** Wie können Schiffe einen Sturm überstehen?
- **22** Kommt die Polizei, wenn ein Schiff zu schnell fährt?

 Folienseite

- **24** Wie wird ein Schiff gebaut?
- **26** Was ist ein Katamaran?
- **28** Wie tief kann ein U-Boot tauchen?
- **30** Wie finden Schiffe ihren Weg über den Ozean?
- **32** Warum sind Leuchttürme meistens rot-weiß angemalt?

Panoramaseite

- **34** Was ist in einem Hafen alles los?
- **40** Was macht ein Lotse?
- **42** Was ist ein blinder Passagier?
- **44** Wie funktioniert ein Eisbrecher?
- **46** Was ist mit der »Titanic« passiert?

 Folienseite

- **48** Wie viel passt auf einen Flugzeugträger drauf?
- **50** Wie wird man Kapitän?
- **52** Welches Schiff ist das größte der Welt?
- **54** Mauslexikon*
- **55** Register

* Alle Begriffe, die im Text farbig hervorgehoben sind, werden im Mauslexikon erklärt.

Wer hat das Schiff erfunden?

Stellt euch vor, es ist Sommer, ihr steht am Badesee und seht, wie euch vom anderen Ufer her ein Freund zuwinkt. Ihr wollt gerne zu ihm hinüber, aber so weit könnt ihr nicht schwimmen. Zum Glück habt ihr eine Luftmatratze. Die könnte euch hinübertragen, wenn eure Eltern es erlauben!

Mit ähnlichen Mitteln haben sich die Menschen schon vor vielen Tausend Jahren aufs Wasser hinausgewagt. Nur benutzten sie natürlich keine Kunststoffmatratzen – die gab es noch nicht –, sondern aufgeblasene Tierhäute.

Aus denen bauten Händler Flöße und ließen sich mit ihnen den Tigris hinuntertreiben. Aber zurück konnten sie damit nicht, weil kein Floß gegen den Strom schwimmen kann. Also verkauften sie, am Ziel angekommen, ihre Waren und dazu sämtliche Holzteile ihres Floßes. Jetzt brauchten sie nur noch die Luft aus den Häuten zu lassen und sie auf dem Landweg wieder mit nach Hause zu nehmen. Dann konnten sie daraus neue Flöße bauen und die nächste Reise beginnen.

Die Menschen fanden auch andere Möglichkeiten, aufs Wasser hinauszukommen: Zum Beispiel höhlten sie Baumstämme aus, setzten sich hinein und paddelten darin aufs Meer hinaus, um Fische zu fangen. Weil solche Boote aus einem einzigen Baum angefertigt werden, nennt man sie Einbaum.

So sahen die Flöße aus Holzstangen und Häuten aus, die bis vor etwa siebzig Jahren auf dem Fluss Tigris in der Türkei benutzt wurden.

Holzlatten

Luftgefüllte Tierhäute

Solche kleinen, einfachen Wasserfahrzeuge nennt man Boote. »Schiff« sagt man zu größeren Wasserfahrzeugen. Die ersten richtigen Schiffe haben, soweit wir wissen, vor fünftausend Jahren die Ägypter gebaut. Um Steine für ihre Pyramiden heranzuschaffen, entwickelten sie immer größere und bessere Flöße und Boote. Und schließlich hatten sie die geniale Idee, sich beim Fahren damit vom Wind anschieben zu lassen. Seither gibt es Masten und Segel. Mit ihren Segelschiffen konnten die Ägypter bis weit ins Mittelmeer hinaussegeln.

Die alten Ägypter lebten an einem langen und breiten Fluss: dem Nil. Schon sehr früh bauten sie Boote, um Fische zu fangen, und Schiffe, um auf dem Nil Waren oder Menschen zu befördern.

Warum schwimmen Schiffe, obwohl sie aus Eisen sind?

Leichte Sachen wie trockene Holzstücke und Korken schwimmen, Steine und andere schwere Gegenstände nicht. Wie es kommt, dass Metallschiffe an der Oberfläche bleiben, obwohl sie aus einem schweren Material gemacht sind, könnt ihr in einem Experiment selbst herausfinden.

Mit Knete und einer Schüssel Wasser könnt ihr ausprobieren, welche Form ein Gegenstand haben muss, damit er schwimmt.

Eine Knetekugel geht sofort unter, egal wie vorsichtig ihr sie aufs Wasser setzt. Wenn ihr aus dem gleichen Stück Knete eine Schale formt, schwimmt es. Es liegt also auch an der Form, ob ein Gegenstand vom Wasser getragen wird oder nicht. Boote und Schiffe sind hohl und enthalten Luft, so wie eure Schale.

Das Geheimnis dahinter ist, dass jeder Gegenstand im Wasser, ob eure Knete oder ein Schiff, eine bestimmte Menge Wasser verdrängt. Das Wasser muss dem Gegenstand sozusagen nach allen Seiten hin ausweichen, damit Platz für ihn ist. Ganz wichtig ist, *wie viel* Wasser verdrängt wird, und dabei kommt die Form ins Spiel.

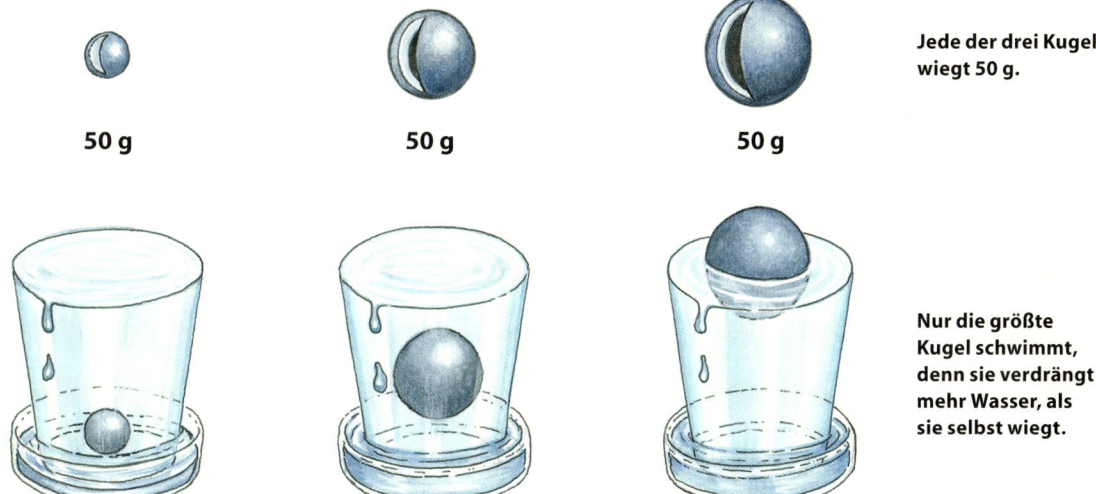

Jede der drei Kugeln wiegt 50 g.

Nur die größte Kugel schwimmt, denn sie verdrängt mehr Wasser, als sie selbst wiegt.

Um mehr darüber herauszufinden, haben wir uns drei Metallkugeln besorgt, die alle 50 Gramm wiegen. Sie sind zwar gleich schwer, aber unterschiedlich groß: Die kleinste ist durch und durch aus Metall, die mittlere ist hohl, und die größte ist ebenfalls hohl und hat eine ganz dünne Wand.

Wir füllen ein Glas randvoll mit Wasser und lassen die kleinste Kugel vorsichtig hineingleiten. Na klar, sie sinkt. Als wir das übergeflossene Wasser wiegen, stellen wir fest, dass die Kugel 20 Gramm Wasser verdrängt hat. Das ist weniger, als sie selbst wiegt. Als Nächstes ist die mittelgroße Metallkugel an der Reihe. Sie schwebt wie ein U-Boot mitten im Glas! Das übergeflossene Wasser wiegt 50 Gramm, also genauso viel wie die Kugel.

Nun probieren wir es mit der größten Kugel. Sie taucht ein Stück weit ein, genau so weit, dass 50 Gramm Wasser über den Rand fließen. Aber dann bleibt sie an der Oberfläche. Selbst wenn man sie hinunterdrückt, ploppt sie sofort wieder hoch. Denn das Geheimnis unserer Kugel und der Eisenschiffe ist, dass sie ganz untergetaucht mehr Wasser verdrängen würden, als sie selbst wiegen. Deshalb schwimmen sie.

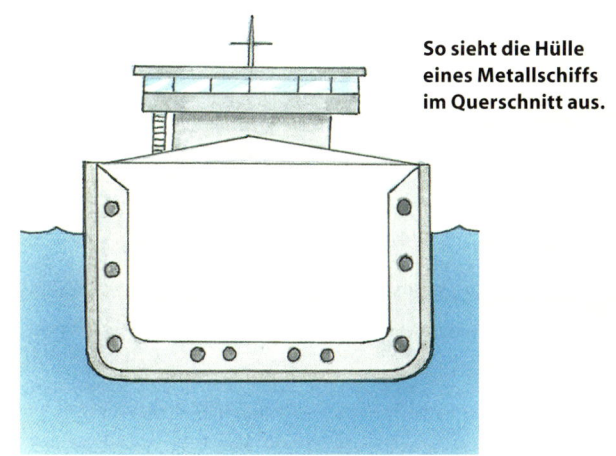

So sieht die Hülle eines Metallschiffs im Querschnitt aus.

Können Segelboote auch gegen den Wind fahren?

Ein Segelboot kann sich nur fortbewegen, weil es vom Wind angeschoben wird. Am allerbesten fährt es, wenn der Wind von hinten kommt und voll ins Segel drückt. Schräg von hinten oder von der Seite geht auch noch. Aber wenn man versucht, gegen den Wind zu fahren, hängt das Segel schlaff herab und das Boot stoppt. Oder man wird sogar zurückgeschoben.

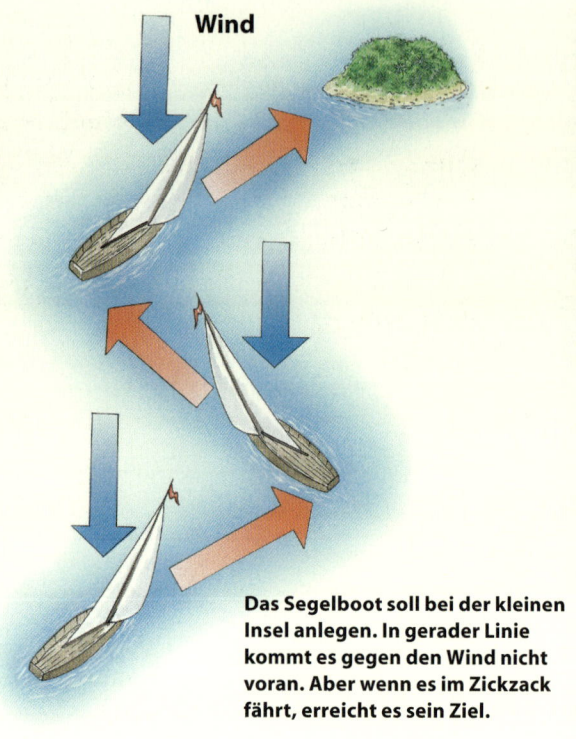

Das Segelboot soll bei der kleinen Insel anlegen. In gerader Linie kommt es gegen den Wind nicht voran. Aber wenn es im Zickzack fährt, erreicht es sein Ziel.

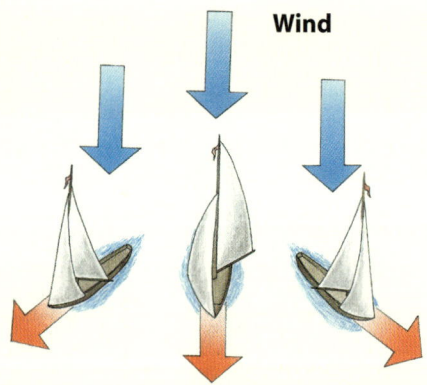

Wenn die Leute an Bord unbedingt gegen den Wind fahren wollen, müssen sie den Hilfsmotor anwerfen, Ruder auspacken – oder einen Trick anwenden. So funktioniert er: Erst fährt das Segelboot schräg gegen den Wind. Das klappt, denn ein bisschen Luft bekommt es noch ins Segel gepustet. Wenn das Boot so weiterfahren würde, würde es sein Ziel verfehlen. Macht es aber nicht, es wendet und fährt in der anderen Richtung wieder schräg gegen den Wind. Nach einer Weile wendet es noch einmal. Es fährt also einen Zickzack-Kurs, durch den es schließlich doch noch am Ziel ankommt. In Seglersprache nennt man das »gegen den Wind kreuzen«.

Der Wind kann sehr viel Kraft haben. Das könnt ihr selbst ausprobieren, wenn ihr an einem windigen Tag draußen ein großes Stück Pappkarton hochhaltet – es wird euch fast aus der Hand gerissen! Je stärker der Wind bläst, desto schneller bewegt sich ein Segelboot. Doch manchmal pustet er sehr kräftig gegen das Segel und das ganze Boot neigt sich zur

Seite. Damit ein kleines Boot bei so starkem Wind nicht kentert, also umkippt, setzen oder hängen sich die Menschen an Bord als Gegengewicht auf die andere Seite des Bootes. Dabei tragen sie einen Haltegurt und sind mit einem Seil oder Draht mit dem Boot verbunden.

Wird der Wind noch stärker oder bricht sogar ein Sturm los, muss die Besatzung das Boot aber schleunigst an Land steuern. Oder wenigstens die Segel »bergen«, also vom Mast herunterholen und einrollen, damit der Wind das Boot nicht umwerfen oder den dünnen Stoff der Segel zerfetzen kann.

Wieso hatten Wikingerschiffe einen Drachenkopf?

Die Wikinger lebten früher im Norden Europas. Sie waren weit und breit gefürchtet, weil sie auf ihren Raubzügen viele Orte an Küsten und Flüssen überfielen. Damit ihre Langschiffe gefährlich aussahen und den Menschen Angst einjagten, befestigten sie vorne geschnitzte Drachen- oder Schlangenköpfe.

Doch weil die Wikinger die meiste Zeit über friedlich als Bauern und Händler lebten und nicht immer wollten, dass die Leute vor ihnen erschraken, waren die Drachenköpfe meist abnehmbar. So konnten die Männer mit ihren Schiffen auch ganz friedlich in einen Hafen einfahren. Ein Gesetz der Wikinger schrieb sogar vor, dass die Drachenköpfe heruntergenommen werden mussten, wenn sich ein Schiff Island näherte. Denn sonst, so glaubte man, hätten sie die Geister der Insel erschreckt und ihren Zorn erregt.

Die Wikinger waren sehr gut darin, Schiffe zu bauen, weil sie in einer Gegend mit unzähligen Seen, Buchten, Meeresarmen und Inseln lebten. Sie brauchten Boote, um sich fortzubewegen, und waren sehr stolz auf ihre Schiffe, die damals zu den besten der Welt zählten.

Die Wikinger kamen aus dem nördlichen Teil Europas, aus dem heutigen Dänemark, Schweden und Norwegen. Von dort aus begannen sie vor etwa 1200 Jahren mit ihren Raubzügen. Island hatten die Wikinger bei ihren weiten Entdeckungsfahrten gefunden. Mit ihren Langschiffen segelten sie sogar bis nach Grönland und entdeckten Nordamerika.

Während die Männer aus Holzbrettern neue Schiffe zusammennagelten, webten die Frauen der Wikinger Segel aus Schafwolle und bestrichen sie mit Fett, damit das Wasser von ihnen abperlte. Wenn es fertig war, bekam das Schiff seinen Namen, zum Beispiel »Wolf des Meeres« oder »Windhengst«.

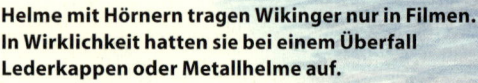

Helme mit Hörnern tragen Wikinger nur in Filmen. In Wirklichkeit hatten sie bei einem Überfall Lederkappen oder Metallhelme auf.

Im Frühling zogen dann manche der Männer los und gingen mit diesen Schiffen »auf Wiking«, auf Beutefahrt. Dabei segelten sie auch weit in die Flüsse hinein. War zwischendurch eine Brücke im Weg – kein Problem, innerhalb von wenigen Minuten konnten die Wikinger den Mast ihres Schiffs umklappen. Auf diese Art gelangten sie den Rhein hinauf und plünderten unter anderem Köln. Unsere Vorfahren hatten allen Grund, sich vor den Schiffen mit den Drachenköpfen zu fürchten!

Nicht nur die Wikinger statteten ihre Schiffe mit Figuren aus – bei Segelschiffen ist das heute noch üblich. Die Matrosen glaubten früher, dass die sogenannten »Galionsfiguren« über das Schiff wachen und ihm Glück bringen würden.

Warum heißt es auf einem Schiff »steuerbord« und »backbord« und nicht rechts und links?

"Ruder hart nach steuerbord und Beiboot abfieren!" Wenn Landratten so einen Befehl hören, verstehen sie natürlich nur Bahnhof. Ein echter Seebär dagegen weiß, dass hier scharf nach rechts gesteuert und ein kleines Boot aufs Wasser hinuntergelassen werden soll. Alle Berufe haben eine eigene Fachsprache mit besonderen Wörtern und in der Seefahrt gibt es sehr viele solcher Wörter. Die meisten sind schon vor Jahrhunderten erfunden worden, so auch die Namen für rechts und links.

Dass Seeleute »Steuerbord« sagen, liegt daran, dass Schiffe in alter Zeit ihr Ruder – also das Teil, mit dem sie gesteuert werden – auf der rechten Seite hatten. Dort stand der Steuermann. Und weil die Seite eines Schiffs »Bordwand« heißt, ergibt sich daraus für die rechte Seite »Steuer-bord«. Der linken Seite des Schiffs drehte er den Rücken zu, der in verschiedenen alten Sprachen »bak« genannt wurde. Daraus wurde dann »Backbord«. Diese Bezeichnungen blieben erhalten, obwohl Ruder und Steuerrad bei späteren Schiffen in der Mitte angebracht waren.

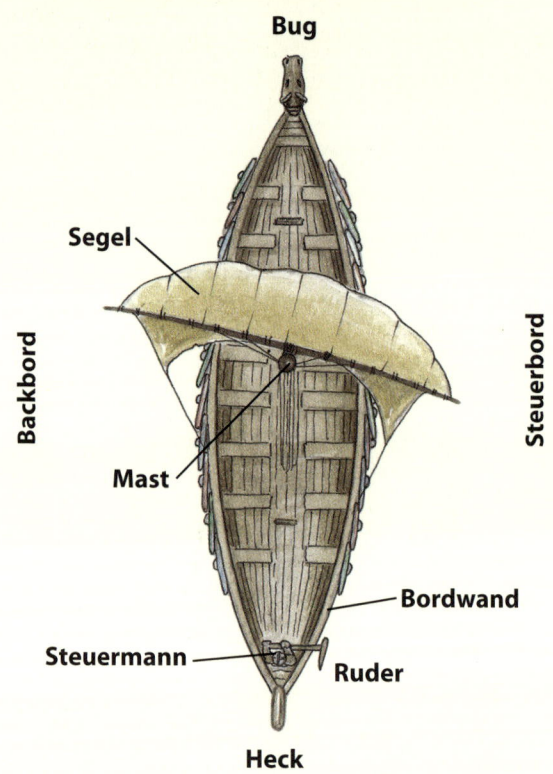

Aber in der Sprache der Seeleute gibt es noch viele andere spezielle Wörter. Matrosen und Offiziere auf Segelschiffen mussten zum Beispiel die Bezeichnungen jedes Segels und jedes Seils an Bord kennen, um darüber reden zu können. Sie sagten also nicht: »Zieht dieses Segel da vorne hoch!«, sondern: »Heiß Großsegel!«

Die Geschwindigkeit eines Schiffs wird nicht in Stundenkilometern angegeben, sondern in Knoten. Früher, als es noch keine guten Messgeräte gab, warfen holländische Seeleute nämlich einfach eine Leine mit Knoten darin und einem Stück Holz am Ende ins Wasser. Während sich die Leine abspulte, brauchten die Matrosen nur die Knoten zu zählen, die sich in einer bestimmten Zeit abrollten. So konnten sie feststellen, wie schnell sich das Schiff bewegte.

Dieses schnelle Segelschiff, die »Cutty Sark«, beförderte vor hundertfünfzig Jahren Tee von China nach England. Solche Schiffe nannte man Clipper.

Mit welchem Schiff hat Kolumbus Amerika entdeckt?

Mit drei Segelschiffen aus Holz machte sich der Entdecker Christoph Kolumbus im Jahr 1492 auf, um einen neuen Weg über das Meer nach Indien zu finden. Keines der Schiffe war für Entdeckungsreisen gebaut worden, und Kolumbus war nicht richtig zufrieden mit dem schwerfälligen, ehemaligen Frachtschiff »Santa Maria«, das er selbst kommandierte.

Kolumbus' Familie lebte in Italien und stellte Stoffe her. Doch Kolumbus hatte keine Lust, im Geschäft seines Vaters mitzuarbeiten. Er fuhr lieber zur See.

Die »Santa Maria« hatte drei Masten, und es war für die vierzig Matrosen an Bord harte Arbeit, die Segel je nach Wind und Wetter

Niña

Pinta

Santa Maria

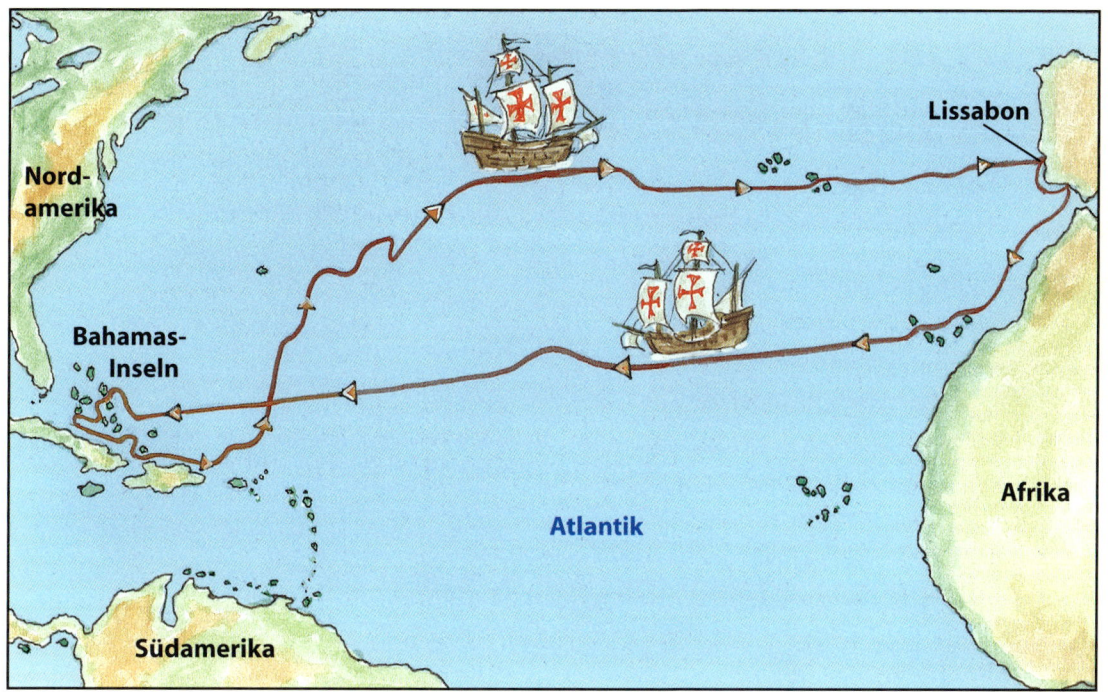

genau in die richtige Lage zu bringen. Nach der Arbeit legten sich die Männer zum Schlafen einfach irgendwo an Deck. Im Inneren des Schiffs war kein Platz, da alles mit Ausrüstung und Vorräten vollgepackt war. Nur Kolumbus und die Offiziere hatten eigene Kabinen. Zu essen gab es Zwieback, gepökelten Fisch – das ist Fisch, der mit viel Salz haltbar gemacht wurde –, Reis und Bohnen.

Kolumbus wusste nicht, wie lange er und seine Leute auf dem Atlantik unterwegs sein würden. Deshalb schwindelte er die Besatzung an und notierte jeden Tag eine kürzere Strecke, als die Schiffe tatsächlich gefahren waren. Trotzdem machten die Männer sich Sorgen und wären nach einer Weile am liebsten umgekehrt. Doch zum Glück sichtete einer von Kolumbus' Leuten nach zwei Monaten Fahrt am 12. Oktober um zwei Uhr nachts endlich Land. Kolumbus war überzeugt, er sei vor der indischen Küste, doch in Wirklichkeit waren es die Bahamas-Inseln in der Nähe Amerikas.

Dort prallte die »Santa Maria« ausgerechnet an Weihnachten auf einen Felsen und wurde schwer beschädigt. Weil sie nicht mehr zu reparieren war, verwendete Kolumbus ihre Balken als Bauholz für eine Festung an Land. Zwar ist die »Santa Maria« nie mehr nach Europa zurückgekehrt, aber immerhin war sie für alle Zeiten berühmt als das Schiff, auf dem Kolumbus Amerika entdeckt hat.

Kann man rund um die Welt segeln?

Ferdinand Magellan

Ja, das geht! Denn alle großen Ozeane sind untereinander verbunden. Rund um die Welt zu segeln hat vor fünfhundert Jahren als Erster der Entdecker Ferdinand Magellan gewagt. Allerdings überlebten er und die meisten seiner Besatzungsmitglieder die drei Jahre lange Fahrt nicht. Heute ist so eine Reise längst nicht mehr so gefährlich.

Es gibt sogar mehrere Jugendliche, die mit ihren kleinen Segelschiffen die Erde umrundet haben. Zum Beispiel Mike Perham.

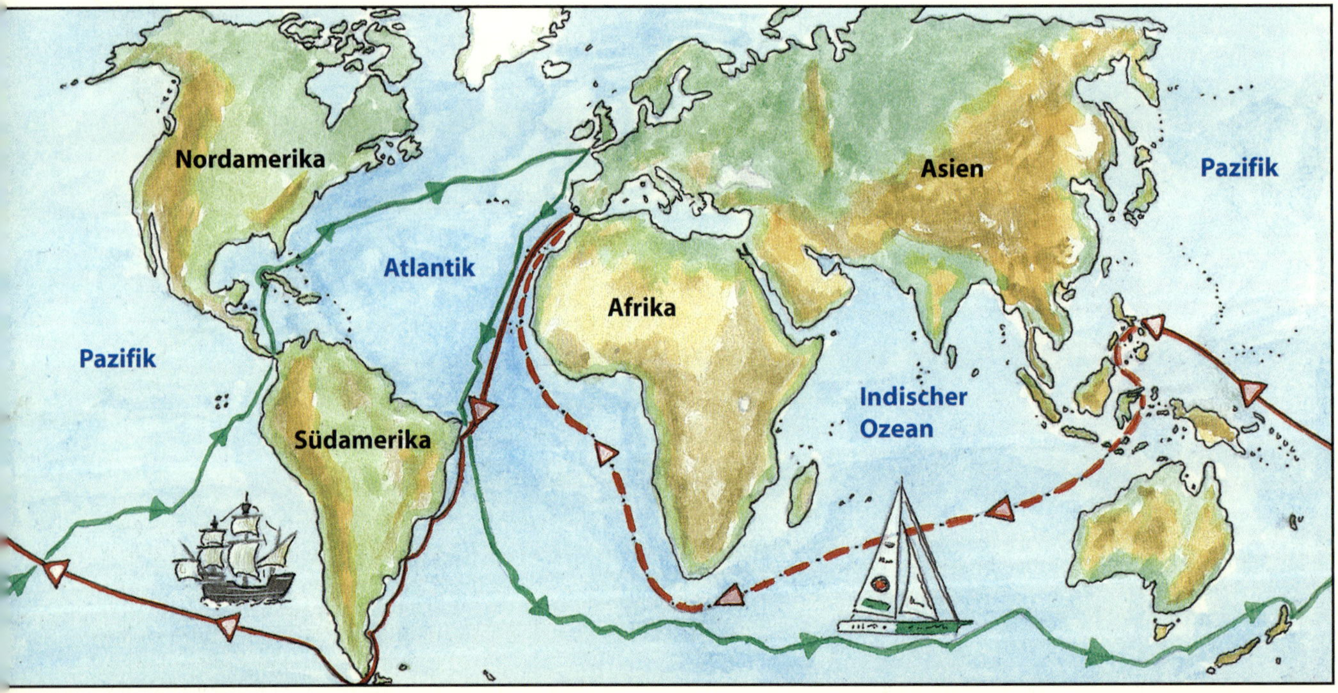

Magellans Weg (September 1519 – September 1522)
Weg von Mike Perham (November 2008 – August 2009)

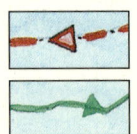
Mike Perham konnte bei seiner Fahrt ein paar Abkürzungen nehmen und zum Beispiel durch den Panama-Kanal zwischen Nord- und Südamerika schlüpfen, den es zu Magellans Zeiten noch nicht gab.

Nur über ein Funkgerät konnte Mike während seiner Reise mit seinen Eltern sprechen.

Es war sehr anstrengend für ihn, sein Boot durch die hohen Wellen des offenen Meeres zu segeln. Und auch wenn die See ruhig war, konnte Mike höchstens eine Stunde am Stück schlafen, da er ja sein Boot steuern musste. Zum Kochen blieb wenig Zeit und so aß er meist nur Reis, Nudeln und Schokolade. Nach neun Monaten Fahrt erreichte er völlig erschöpft England und wurde dort wie ein Held empfangen – er hatte den Rekord gebrochen!

Mike kommt aus einer Seefahrerfamilie und hat schon mit sieben Jahren segeln gelernt. Auf dem Meer kennt er sich bestens aus, sodass er es schaffte, als 14-Jähriger allein den stürmischen Atlantischen Ozean zu überqueren.

Danach machte er sich auf, den Rekord zu brechen und der jüngste Weltumsegler aller Zeiten zu werden. Er war erst 16 Jahre alt, als er in England losfuhr – wieder allein. Aber monatelang keine anderen Menschen zu treffen, fiel ihm nicht leicht. Sogar Weihnachten und seinen 17. Geburtstag musste er ohne Freunde und Familie an Bord seines Bootes verbringen. Immerhin hatten ihm seine Freunde viele Briefe mitgegeben, sodass er jeden Tag einen aufmachen konnte.

> Ein 13-jähriges Mädchen, das auf einem Boot geboren und aufgewachsen war, wollte versuchen, den Rekord zu brechen und als jüngster Mensch die Welt zu umsegeln. Doch ein Gericht verbot es, weil es der Meinung war, das Mädchen sei noch zu jung für eine solch gefährliche Rekordjagd.

Die Australierin Jessica Watson war sogar erst 16, als sie ein Jahr später als Mike mit ihrem Boot »Ella's Pink Lady« die Welt allein umsegelte. Doch zu diesem Zeitpunkt gab es keinen Rekord »jüngster Weltumsegler« mehr. Er wurde abgeschafft, um zu verhindern, dass sich immer jüngere Jugendliche in Gefahr bringen.

Werden auch Matrosen seekrank?

Wenn ihr schon mal auf einem Boot mitgefahren seid, das richtig ordentlich geschwankt hat, dann kennt ihr das vielleicht: Plötzlich bricht euch der kalte Schweiß aus, euch wird übel, und ihr fragt euch, ob das mit dem Ausflug aufs Meer wirklich so eine gute Idee war. Kleiner Trost: Auch manchen Seeleuten wird noch schlecht. Nicht jeder hat, was Kapitäne stolz einen »eisernen Magen« nennen.

Dabei kommt das, was wir Seekrankheit nennen, gar nicht vom Magen her. Sie entsteht, wenn sich das Innenohr, wo unser Gleichgewichtssinn ist, und die Augen nicht einigen können. Sitzt ihr zum Beispiel im Inneren eines Boots, das auf den Wellen tanzt, dann melden eure Augen: »Alles ruhig, Decke und Wände

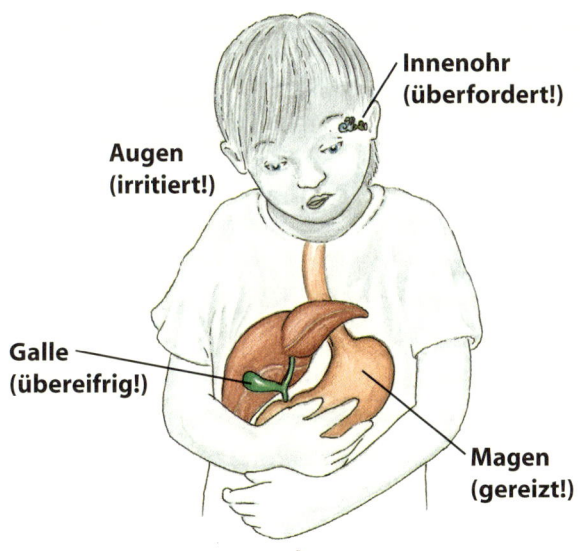

sind fest und bewegen sich nicht.« Das Innenohr dagegen schreit: »Hilfe, hier schwankt ja alles!« Euer Körper kommt mit diesem Widerspruch nicht zurecht. Euch wird schlecht, und eure Freunde stellen vielleicht sogar fest, dass ihr grün im Gesicht seid. Das kann tatsächlich vorkommen, wenn grüne Flüssigkeit aus der Galle ins Blut gelangt.

Seeleuten hilft es in dieser Situation, ans Steuerrad zu gehen. Erstens ist jede Beschäftigung gut, weil sie von der Übelkeit ablenkt, und zweitens müssen sie beim Steuern oft auf den Horizont blicken. Wenn die Augen sehen, was es mit diesen komischen Schaukelbewegungen auf sich hat, kann das Gehirn sich alles besser zusammenreimen, und der Körper kommt zurecht. Geht also, wenn euch flau im Magen ist, möglichst raus an Deck. Außerdem könnt ihr Salzstangen knabbern, das beruhigt den Magen. »Landratten« dürfen auch Tabletten gegen Seekrankheit nehmen, aber Seeleute nicht, weil solche Medikamente müde machen.

Nach zwei oder drei Tagen hat der Körper zum Glück gelernt, mit dem unnatürlichen Schwanken umzugehen, und die Übelkeit lässt nach. Matrosen, die ständig auf großer Fahrt sind, haben also keine Probleme mehr.

Sogar der berühmte englische Admiral Nelson litt unter Seekrankheit, wenn er vorher eine Weile an Land gewesen war.

Damit die Passagiere von großen Kreuzfahrtschiffen und Fähren nicht seekrank werden, haben diese Schiffe eingebaute Stabilisatoren. Sie sorgen dafür, dass das Schiff kaum noch in den Wellen schwankt.

Wie können Schiffe einen Sturm überstehen?

Am Horizont sind dicke dunkelgraue Wolken zu sehen und der Wind peitscht die Wellen immer höher auf. Jeder Kapitän, der diese Warnzeichen sieht, wird sein Schiff schleunigst darauf vorbereiten, dass bald ein Sturm losgeht.

Als Erstes gibt er den Befehl: »Alle Luken dicht machen!« Alle Öffnungen, durch die Wasser ins Schiff fließen kann, müssen verschlossen werden. Sonst könnte das Schiff volllaufen und dadurch so schwer werden, dass es sinkt. Als Nächstes wird die Besatzung alle losen Gegenstände, die an Deck liegen, verstauen, damit sie beim Sturm nicht durch die Gegend fliegen oder über Bord gespült werden. Andere Besatzungsmitglieder überprüfen in der Zwischenzeit im Inneren des Schiffs, ob dort alles sicher befestigt ist. Die Ladung darf während des Sturms nicht hin- und herrutschen, sonst könnte sie das Schiff beschädigen.

Wenn alles vorbereitet ist und der Sturm immer heftiger wird, dreht der Kapitän den Bug, also die Vorderseite seines Schiffs, in die Richtung, aus der Wind und Wellen kommen. Wenn die Wellen das Schiff von vorne treffen, kann es am leichtesten durch sie hindurchpflügen oder über sie hinweggleiten.

Großen, modernen Schiffen können Stürme nicht viel anhaben. Doch selbst für sie wird es gefährlich, wenn im Sturm der Motor ausfällt oder das Steuerruder kaputtgeht. Dann lässt sich das Schiff kaum noch steuern. Wellen beginnen es von der Seite zu treffen und drohen es umzukippen.

Wenn ein Kapitän merkt, dass sein Schiff den Sturm vielleicht nicht übersteht, zum Beispiel weil es ein Leck hat, ruft er per Funk »Mayday«. Das ist das Gleiche wie »S.O.S.« oder »Hilfe«. Dann müssen ihm laut Seegesetz alle Schiffe, die in der Nähe sind, zu Hilfe kommen. Außerdem machen sich sofort Seenotretter auf den Weg.

Dieses Boot hat im Sturm ein Leck bekommen, durch das Wasser eindringt. Die Besatzung flüchtet sich in eine aufblasbare Rettungsinsel, und der Kapitän schießt eine Leuchtrakete ab, damit die Retter wissen, wo sie suchen sollen.

Kommt die Polizei, wenn ein Schiff zu schnell fährt?

Stellt euch vor, ihr düst gerade fröhlich mit dem Boot herum und dreht den Motor so richtig auf, da blitzt es plötzlich – ihr seid von einer Polizeikamera fotografiert worden, weil ihr zu schnell gefahren seid! Nein, nur Spaß, »geblitzt« wird man auf dem Wasser nicht. Aber zu schnelles Fahren ist in vielen Gegenden wirklich verboten, und wer sich danebenbenimmt, wird von der Wasserschutzpolizei gestoppt.

Besonders auf Seen, Flüssen und in Häfen gibt es überall Geschwindigkeitsbeschränkungen. Zum Beispiel darf man auf den Mecklenburgischen Seen in der Nähe des Ufers nur 9 Stundenkilometer schnell fahren und weiter vom Ufer entfernt auf den größeren Seen 25 Stundenkilometer. Das ist auch sinnvoll, denn Schwimmer, Surfer, Kanufahrer und

Dieses Motorboot wird gerade von der Wasserschutzpolizei kontrolliert. Der Bootsführer muss Ausweis, Führerschein und die Papiere des Boots vorzeigen.

Währenddessen misst ein anderer Polizist mit einem Gerät die Geschwindigkeit des Bootes rechts. Es ist viel zu schnell an den Paddlern vorbeigebraust.

Segler fühlen sich belästigt, wenn ein Motorboot im Höllentempo an ihnen vorbeirast. Dabei entstehen immer Wellen, die kleinere Fahrzeuge ganz schön durchschütteln.

Große Frachtschiffe, die zu schnell durch einen Hafen oder Fluss fahren, können sogar richtig gefährliche Wellen verursachen. Zwar brauchen solche Schiffe keine bestimmte Geschwindigkeit einzuhalten. Aber die Kapitäne müssen darauf achten, dass durch die Wellen keine Uferpflanzen abgeknickt oder Bootsstege beschädigt werden. Wenn so etwas doch einmal passiert, dann gibt´s einen Strafzettel, und der kann bei Schiffen schnell mal ein paar Tausend Euro kosten.

Nicht nur die Polizei ist auf dem Wasser im Einsatz, auch die Feuerwehr besitzt in Hafenstädten Boote. Mit solchen Löschbooten kann sie Brände auf Schiffen bekämpfen.

Für Boote und Schiffe gibt es nicht nur Verkehrsregeln, sondern auch Führerscheine. Um sie zu bekommen, muss man eine Prüfung ablegen und beweisen, dass man mit einem Boot umgehen kann und die wichtigsten Regeln kennt. Manche Bootsführerscheine gelten für Seen und Flüsse, andere für das Meer, einige nur für Segelboote, andere für Motorboote. Genauso wie Autos müssen Boote und Schiffe außerdem technisch in Ordnung sein. Das kontrollieren ein Überwachungsdienst und die Wasserschutzpolizei.

Wie wird ein Schiff gebaut?

Die meisten großen Schiffe werden heute in dem kleinen Land Südkorea gebaut. Auch der Öltanker »Hellespont Fairfax« ist dort entstanden. Er ist so lang wie vier Fußballfelder und transportiert heute Öl von Arabien in die USA.

Ein Jahr dauerte es, das Schiff zu entwickeln und die Pläne dafür am Computer zu zeichnen. Dann konnte der Bau in einer riesigen Schiffswerkstatt, die man **Werft** nennt, beginnen. Zuerst wurden die Einzelteile des Schiffs aus Stahlplatten geschnitten.

Moderne Tanker haben eine doppelte Hülle aus Stahl. Das soll verhindern, dass bei einem Unfall Öl ins Meer strömt und es verschmutzt. Wenn die äußere Hülle des Schiffs aufreißt, läuft das Öl nicht direkt ins Wasser, sondern in die innere Hülle.

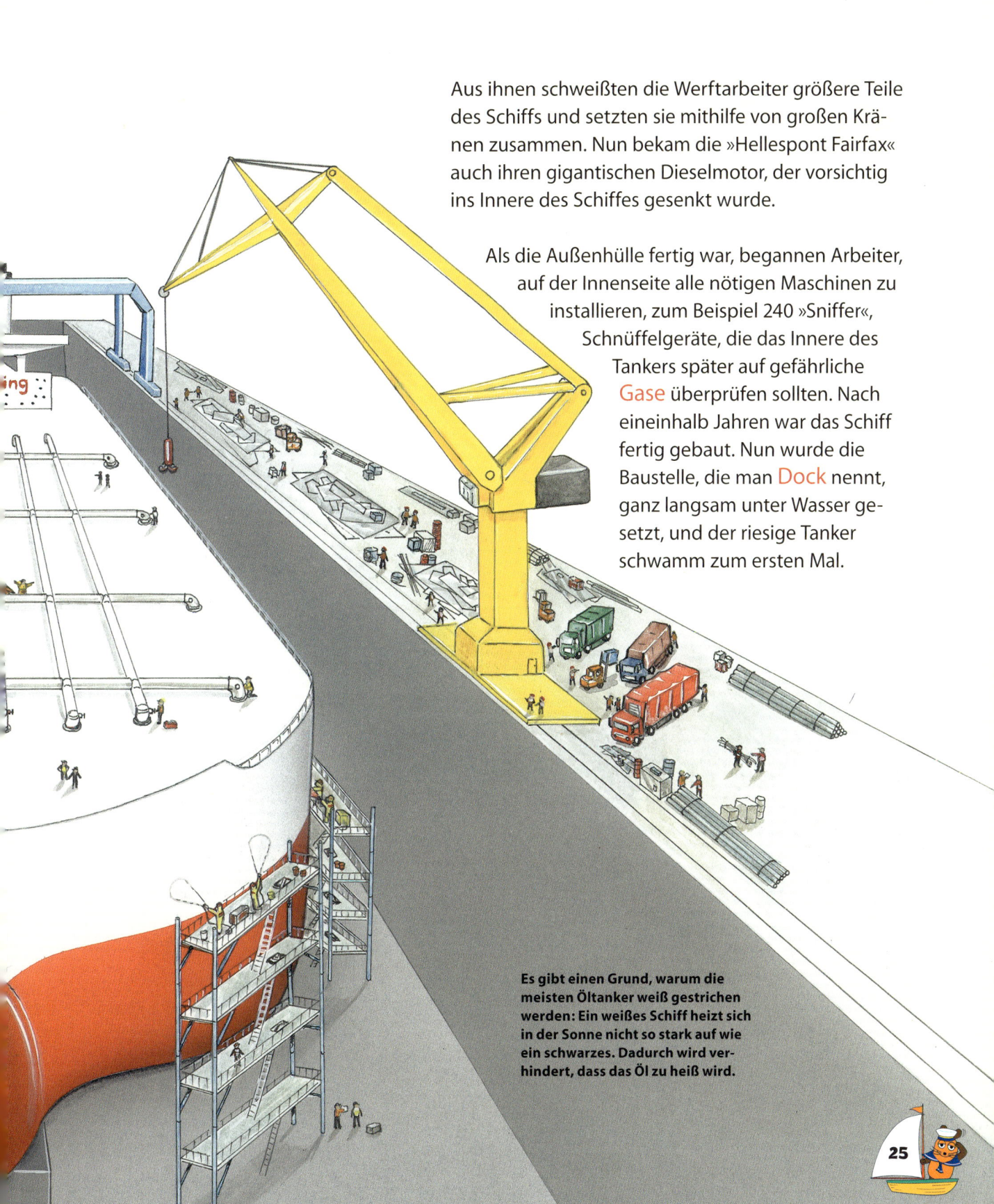

Aus ihnen schweißten die Werftarbeiter größere Teile des Schiffs und setzten sie mithilfe von großen Kränen zusammen. Nun bekam die »Hellespont Fairfax« auch ihren gigantischen Dieselmotor, der vorsichtig ins Innere des Schiffes gesenkt wurde.

Als die Außenhülle fertig war, begannen Arbeiter, auf der Innenseite alle nötigen Maschinen zu installieren, zum Beispiel 240 »Sniffer«, Schnüffelgeräte, die das Innere des Tankers später auf gefährliche Gase überprüfen sollten. Nach eineinhalb Jahren war das Schiff fertig gebaut. Nun wurde die Baustelle, die man Dock nennt, ganz langsam unter Wasser gesetzt, und der riesige Tanker schwamm zum ersten Mal.

Es gibt einen Grund, warum die meisten Öltanker weiß gestrichen werden: Ein weißes Schiff heizt sich in der Sonne nicht so stark auf wie ein schwarzes. Dadurch wird verhindert, dass das Öl zu heiß wird.

Was ist ein Katamaran?

Manche Schiffe sehen auf den ersten Blick seltsam aus. Sie bestehen aus zwei verschiedenen Teilen, die miteinander verbunden sind. Solche Wasserfahrzeuge nennt man Katamaran und sie haben normalen Schiffen eine ganze Menge voraus. Zum Beispiel können sie schneller fahren. Deshalb werden sie immer beliebter.

Katamarane liegen flacher auf dem Wasser als normale Boote. Deshalb kann man mit ihnen auch durch seichte Gewässer segeln.

Warum Katamarane so schnell fahren können, findet ihr heraus, wenn ihr sie euch im Vergleich zu einem normalen Schiff anschaut: Das normale Schiff taucht mit seinem ganzen Rumpf, also dem Schiffskörper, tief ins Wasser ein. Beim Fahren muss es viel Wasser beiseitedrängen, wodurch es gebremst wird.

Ein Katamaran dagegen taucht mit seinen beiden Rümpfen kaum ein, und in voller Fahrt hebt er sich noch weiter aus dem Wasser, ähnlich wie ein Wasserskifahrer. Nur ein kleiner Teil des Katamarans berührt das Wasser und deshalb »bremst« das Wasser ihn viel weniger als ein normales Schiff.

Kein Wunder also, dass inzwischen viele Wasserfahrzeuge, die Menschen möglichst schnell über das Meer bringen sollen, große Katamarane sind. Zum Beispiel »The Cat«, eine Fähre, die zwischen dem Nordosten Amerikas und Kanada pendelt. Sie ist die schnellste Autofähre der Welt: Mit 250 Autos und Hunderten von Passagieren an Bord fährt sie los und steuert dann mit 42 Knoten, also 75 Stundenkilometern, ihr Ziel an. Zwar herrscht in der Gegend oft schlechtes Wetter, aber stürmische See macht einem großen Katamaran weniger aus als einem normalen Schiff. Denn sein Doppelrumpf schaukelt nicht über hohe Wellen hinweg, sondern durchschneidet sie wie zwei Messerklingen.

Die Katamaran-Fähre »The Cat« ist aus dem Metall Aluminium gebaut, das besonders leicht und trotzdem stabil ist. Auch das hilft ihr, schneller zu fahren.

Wie tief kann ein U-Boot tauchen?

Moderne Atom-U-Boote brauchen monatelang nicht an die Oberfläche zu kommen und können ohne Zwischenstopp einmal um die Welt tauchen. Aber tiefer als etwa 600 Meter dürfen sie nicht gelangen, sonst würde die dünne Metallhülle zerquetscht werden.

Militärische Unterwasserfahrzeuge, die man »U-Boote« nennt, können selten tiefer als 600 Meter tauchen. Denn sie werden nicht für große Tiefen gebaut, sondern dafür, schnell weite Strecken zurückzulegen. Wer richtig tief tauchen will, der steigt besser in ein anderes Fahrzeug: ein »Tauchboot«.

Tauchboote sind zwar sehr langsam, kommen aber weit hinab, weil sie sehr stabil gebaut sind. Sie halten es aus, wenn das ganze Gewicht des Ozeans auf sie hinabdrückt.

Am allertiefsten, nämlich bis zu 6500 Meter, kommt das japanische Tauchboot »Shinkai 6500«. Sein Name bedeutet einfach »Tiefsee«. Von einem großen Schiff wird es zum Einsatzort gebracht. Zwei Piloten und ein Wissenschaftler zwängen sich durch die Luke ❶ ins Innere der Shinkai, dann wird das Tauchboot von einem Kran ins Wasser gehoben. Die Kabine, in der die Menschen sitzen, ist eine Kugel aus Titan, einem besonders harten Metall.

Zum Abtauchen lässt der Pilot des Tauchboots Wasser in spezielle Ballast-Tanks ❷ an Bord strömen, damit das Tauchboot schwerer wird und ganz langsam hinuntersinkt. Nach zweieinhalb Stunden ist es am Grund angekommen, und die Besatzung beobachtet, filmt und untersucht durch die drei dicken Beobachtungsfenster, was sie im Meer entdeckt. Das geht nur, weil die »Shinkai 6500« starke Scheinwerfer ❸ an Bord hat, denn in der Tiefsee ist es völlig dunkel.

Haben die Wissenschaftler etwas Interessantes entdeckt, können sie mit den Greifarmen ❹ Proben nehmen. Nach drei Stunden macht sich das Tauchboot auf den Rückweg. Dafür pumpt es das Wasser aus den Ballasttanks heraus und füllt dafür Luft hinein. Jetzt ist es leichter als vorher und steigt gemächlich an die Oberfläche zurück.

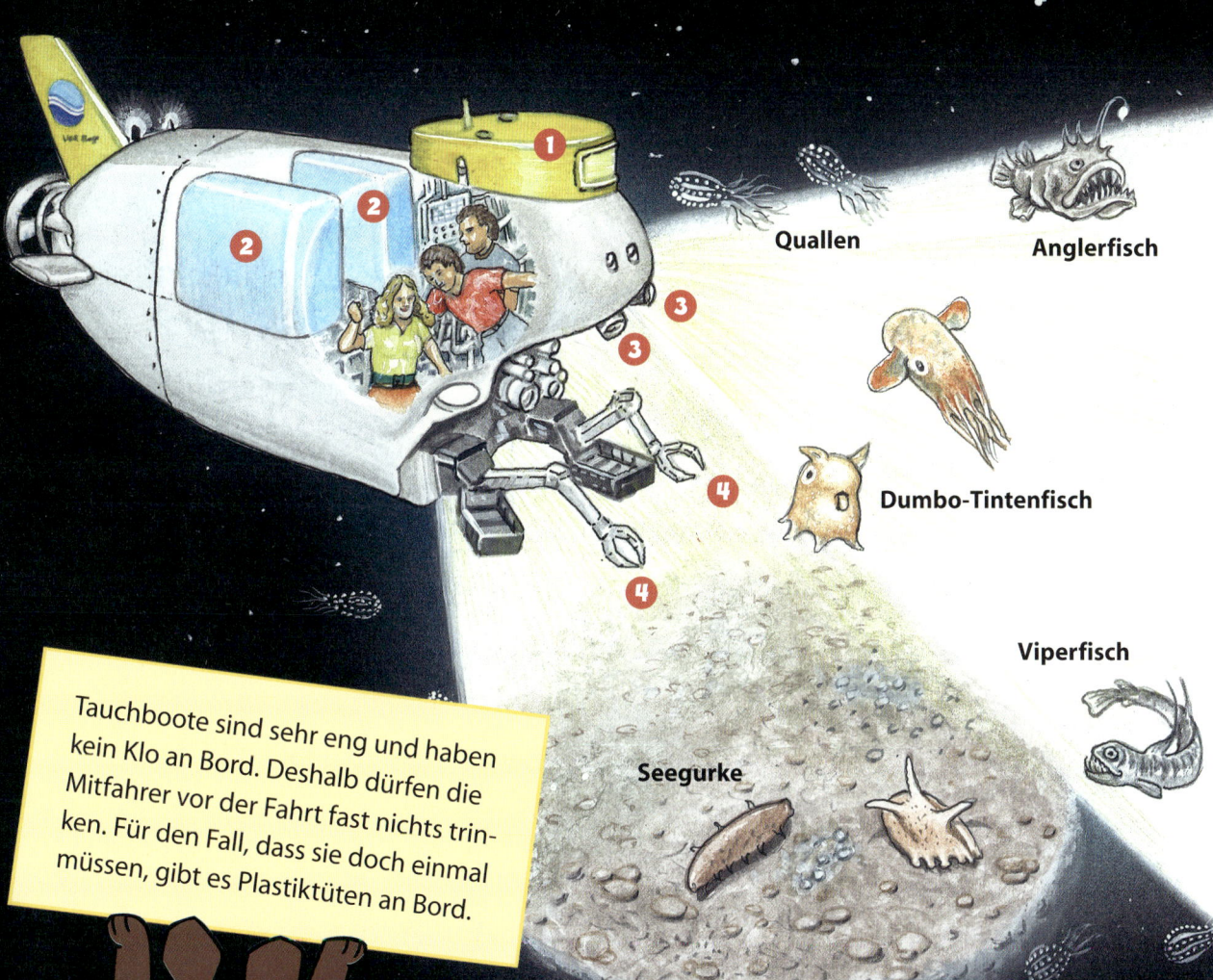

Tauchboote sind sehr eng und haben kein Klo an Bord. Deshalb dürfen die Mitfahrer vor der Fahrt fast nichts trinken. Für den Fall, dass sie doch einmal müssen, gibt es Plastiktüten an Bord.

Auch in großer Tiefe begegnen der »Shinkai 6500« noch Tiere, zum Beispiel Fische, Quallen, Kraken oder schlauchartige Tiere namens Seegurken.

Wie finden Schiffe ihren Weg über den Ozean?

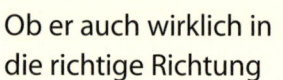
Kompass

Auf dem Meer gibt's keine Straßen, Straßenschilder oder jemanden, den man nach dem Weg fragen könnte. Weit und breit nur Wasser bis zum Horizont. Und trotzdem kommt es fast nie vor, dass sich ein Schiff verfährt! Denn Seeleute haben heute mehrere gute Hilfsmittel, um sich auf See zurechtzufinden.

Zum Beispiel genaue Seekarten. Auf ihnen ist das Meer nicht nur eine blaue Fläche, sondern es sind die Wassertiefe, gefährliche Felsen, Leuchttürme und viele andere Dinge eingemalt. Zu Beginn jeder Fahrt zeichnet der Kapitän mit Stift und Lineal in diese Seekarte ein, wo er mit seinem Schiff entlangfahren muss. Er kennt also schon mal die Richtung.

Ob er auch wirklich in die richtige Richtung fährt, stellt er mit einem Kompass fest. Der zeigt nämlich immer an, wo Norden ist, und wenn man die eine Himmelsrichtung kennt, kann man sich die anderen ableiten. Der Kapitän sieht also genau, in welche Himmelsrichtung sich das Schiff bewegt.

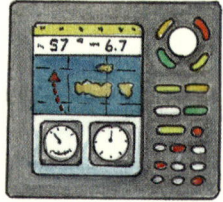

Außerdem gibt es an Bord **GPS-Geräte,** die genauso funktionieren wie ein Navi im Auto. Zwar sagt das GPS dem Kapitän nicht: »Bitte biegen Sie jetzt rechts ab«, aber es zeigt auf einer Seekarte im Computer an, wo das Schiff gerade ist. Das GPS empfängt nämlich das Signal eines **Satelliten,** also eines Flugkörpers hoch über der Erde, und berechnet daraus metergenau die Position.

Satellit

Ganz wichtig ist auch das **Radargerät.** Es schickt unsichtbare Wellen aus und berechnet aus den Echos, die zurückkommen, ein Bild.

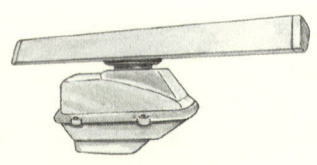
Radarantenne

Radargerät

Selbst bei Nacht oder dichtem Nebel kann der Kapitän mithilfe des Radars die Umgebung erkennen und zum Beispiel sehen, ob eine Küste in der Nähe ist oder ob sich ein anderes Schiff nähert.
Und so finden Schiffe heute ohne Mühe über den Ozean – auch ohne Wegweisschilder!

1. **Kompassanzeige**
2. **Funkgerät**
3. **Radaranzeige**
4. **Autopilot (steuert automatisch den Kurs)**
5. **Maschinentelegraf (damit kann man die Geschwindigkeit einstellen)**
6. **Anzeige der Navigationsdaten**
7. **Bordtelefon**
8. **Flaggen**

Warum sind Leuchttürme meistens rot-weiß angemalt?

Leuchttürme stehen überall dort, wo einem Schiff Gefahren durch Hindernisse drohen – zum Beispiel auf weit ins Meer ragenden Teilen der Küsten oder auf kleinen Inseln. Nachts warnen die Leuchttürme durch ihre Lichtsignale, aber auch tagsüber sollen sie gut sichtbar sein. Deshalb sind einige von ihnen auffällig rot-weiß gestrichen.

Dadurch kann man diese Türme gut vom Meer aus erkennen und sofort von normalen Häusern unterscheiden, denn niemand käme auf die Idee, sein Haus rot-weiß gestreift zu streichen!

Aber Leuchttürme müssen nicht unbedingt rot-weiß sein, denn wichtig ist vor allem, dass sie Schiffe nachts mit ihrem Licht vor der Küste warnen. Es gibt auch weiße Leuchttürme und sogar steinfarbene, braune, schwarze und schwarz-weiß gestreifte.

Früher wohnten in all diesen Türmen Leuchtturmwärter, die nachts die riesigen Leuchtapparate anschalteten und die Glasscheiben putzten, damit die Schiffe das Licht immer gut sehen konnten. Manchmal mussten sie auch eine der luftballongroßen Glühbirnen wechseln. Doch das Leben im Leuchtturm war nicht immer angenehm: Bei Sturm bebten die

Wenn in einer Gegend mehrere Leuchttürme stehen, hat jeder Turm sein eigenes Lichtsignal, damit Kapitäne sie leicht unterscheiden können.

Was ist in einem Hafen alles los?

Jede Menge. Hier werden Schiffe beladen und entladen, Passagiere gehen an Bord, Waren werden gelagert und Schiffe repariert. Es ist ein buntes, lautes Gewimmel.

Große Schiffe sind meist sehr kurz im Hafen, oft nur wenige Stunden. Dann brechen sie wieder zu Reisen rund um die Welt auf. Dabei brauchen sie oft Hilfe: Kleine Schiffe mit starken Motoren, die Schlepper, ziehen und schieben die Riesen in die richtige Position.

Kreuzfahrtschiff

Schlepper

Schlepper

Türme unter dem Aufprall der Wellen, so richtig zum Fürchten. Und auch das ständige Treppensteigen war nicht bei allen beliebt.

Heute werden alle Leuchttürme in Deutschland automatisch gesteuert, weil es billiger ist und moderne Lampen weniger Pflege brauchen. In Dänemark, Großbritannien und Frankreich gibt es noch Leuchtturmwärter und -wärterinnen. Sie erfüllen heute viele verschiedene Aufgaben: Zum Beispiel kontrollieren sie per Radar, welche Schiffe vorbeikommen, und beobachten im Auftrag des Wetterdiensts Wind und Wolken.

Wie so viele Leuchttürme ist auch dieser in den USA nicht rot-weiß gestrichen ... aber im Winter 2010 konnte man ihn und sein Licht sowieso nicht sehen, da eiskalte Wellen an ihm festgefroren waren. Zum Glück hat Pierpoint Lighthouse keine Bewohner, die hätten sonst bestimmt gebibbert.

Auf der anderen Seite des Hafens wird gerade ein Massengutfrachter entladen. So nennt man Schiffe, die lose Güter wie zum Beispiel Erz, Kohle oder Getreide transportieren. Kräne mit Greifern packen das Erz und heben es an Land. Getreide wird mit großen Schläuchen aus dem Schiffsbauch gesaugt. Für Waren, die leicht verderben, braucht man Kühlschiffe, die wie riesige Kühlschränke zum Beispiel Fleisch oder Bananen von Ort zu Ort transportieren.

Weil im Hafen so viel los ist, machen Touristen hier gerne eine Rundfahrt. Der Kapitän weist sie auf alles hin, was interessant ist. Zum Beispiel erzählt er ihnen, dass das rote Löschboot der Hafenfeuerwehr gehört und gerade für den Fall übt, dass mal ein Schiff in Brand gerät. Mit kräftigen Wasserstrahlen könnte es dann das Feuer bekämpfen.

Massengutfrachter

Yachthafen

Hier helfen sie gerade einem Kreuzfahrtschiff mit vielen Hundert Passagieren an Bord.

Damit solche Riesenschiffe überhaupt in den Hafen kommen, baggern Spezialschiffe ständig die Fahrrinne aus. Denn der Fluss, an dem der Hafen liegt, schwemmt Sand und Matsch heran. Schafft man den nicht hin und wieder weg, wird das Wasser mit der Zeit immer flacher. Große Schiffe würden dann auf Grund laufen, denn sie ragen mit ihrer Unterseite weit ins Wasser hinein, manchmal so tief, wie ein dreistöckiges Haus hoch ist.

Wenn ihr entdecken wollt, was noch so in einem Hafen los ist, klappt einfach die Seite auf!

Chef des Hafens ist der Hafenkapitän. Er kümmert sich um alles, was mit den Schiffen und ihren Bewegungen zu tun hat. Seine Mitarbeiter in der Verkehrsleitzentrale überwachen das, was im Hafen geschieht, per Radar. Jedes Schiff muss diese Zentrale um Erlaubnis fragen, bevor es durch den Hafen fährt.

Verkehrsleitzentrale

Baggerschiff

Was macht ein Lotse?

Lotsen helfen dem Kapitän bei der Einfahrt in die Häfen. Denn viele Häfen sind so groß und unübersichtlich, dass man sich dort auskennen muss, um sich zurechtzufinden. Um mehr darüber zu erfahren, haben wir Marcus Jünger, einen Lotsen in Hamburg, besucht und ausgefragt.

Marcus Jünger ist Seemann geworden, weil er etwas erleben und die Welt sehen wollte. Er war als Kapitän schon in mehr als fünfzig Ländern. Dann bewarb er sich als Lotse, weil er mehr Zeit mit seiner Familie in Hamburg verbringen wollte. Nach acht Monaten Ausbildung war es so weit: Er durfte sein erstes Schiff in den Hafen geleiten.

Heute ist Marcus Jünger schon frühmorgens unterwegs, denn ein chinesisches Containerschiff hat Bescheid gegeben, dass es bald in Hamburg ankommt. Einen Lotsen muss es dabei an Bord haben, das ist Pflicht. Ein Lotsenboot fährt Marcus hinaus, dann klettert er an einer Strickleiter die Außenseite des Schiffs hoch und geht an Bord. Manche Schiffe haben in der Bordwand auch eine kleine Tür.

Auf der **Brücke** warten schon der Kapitän und die Offiziere auf ihn. Nun beginnt Marcus Jünger, die nötigen Befehle zu geben, damit das Schiff über die Elbe an die richtige Stelle des Hafens gesteuert wird. Er kennt die Wassertiefe an den verschiedenen Stellen des Hafens, die Strömungen, flachen Stellen und Strudel. Inzwischen sind auch die bestellten Schlepper gekommen, kleine Schiffe mit starken Motoren, die den riesigen Frachter genau an die richtige Stelle schieben und ziehen können. Auch ihnen gibt der Lotse Anweisungen: »Schlepper ›Michel‹, mehr nach Steuerbord, halbe Kraft!«

Schließlich ist das chinesische Schiff an seinem **Liegeplatz** angekommen, an dem es entladen werden soll. Sobald es an Land festgemacht ist – »vertäut«, wie die Seeleute sagen –, ist Marcus Jüngers Job zu Ende. Aber nur auf diesem Schiff, das nächste wartet schon.

Marcus Jünger ist einer von 70 Lotsen im riesigen Hafen von Hamburg. Er hat immer sieben Tage hintereinander Dienst und danach sieben Tage frei.

Weil das Bewegen eines Containers 150 Euro kostet, gibt´s für das Entladen des ganzen Schiffs schon mal eine Rechnung über eine Million Euro.

Wenn ein Schiff im Hafen ankommt, sagen Seeleute, »es läuft ein«. Wenn ein Kreuzfahrtschiff einläuft, dann ist das ein großes Ereignis, und viele Leute kommen zum Hafen, um sich das anzuschauen. Kreuzfahrtschiffe sind schwimmende Hotels, in denen es Restaurants, Kinos und sogar Schwimmbäder gibt. Die braucht man aber auch, wenn man planschen möchte, denn das Meer ist von ihren oberen Decks aus ziemlich weit weg!

Kreuzfahrtschiff

Schlepper

Motoryachten

Löschboot

Ausflugsboot

Was ist ein blinder Passagier?

Natürlich ist jemand, der nicht sehen kann und eine Seereise macht, währenddessen ein blinder Passagier. Die meisten blinden Passagiere haben aber keine Probleme mit den Augen, sondern wollen nicht, dass andere sie sehen. Als »blinde Passagiere« bezeichnet man nämlich Leute, die heimlich auf einem Schiff mitfahren, ohne zu bezahlen. Schwarzfahrer des Meeres sozusagen.

Einer der berühmtesten blinden Passagiere war vor rund 100 Jahren der 18-jährige Engländer Perce Blackborow. Aus Abenteuerlust hatte er sich nach Südamerika durchgeschlagen. Dort wollte er auf der »Endurance« anheuern und ihre Forschungsreise zum Südpol mitmachen. Doch nur sein Freund wurde eingestellt, er nicht. Also schmuggelte sich Perce mithilfe seines Freundes an Bord und versteckte sich in einem Schrank.

Nachdem er entdeckt worden war, begann Perce Blackborow, in der Bordküche zu arbeiten. Er bekam von der Besatzung den Spitznamen »Blackie« und freundete sich mit allen an, auch der Bordkatze Mrs Chippy.

1915 wurde das Schiff vom Eis zerquetscht, und die Besatzung kämpfte monatelang am Südpol ums Überleben, bevor sie heimkehren konnte.

Heutige blinde Passagiere wagen die Reise selten aus Abenteuerlust, sondern weil sie arm sind und in ihrem Heimatland keine Zukunft für sich sehen. Fast alle sind junge Männer. Nur selten erfüllen sich ihre Hoffnungen. Fast immer werden sie, wenn das Schiff am Zielort angekommen ist, sofort wieder zurückgeschickt – und das gewöhnlich auf Kosten des Schiffsbesitzers. Deshalb tun die Besitzer und Kapitäne alles, um zu verhindern, dass sich jemand an Bord schleicht. Im Hafen darf sich kein Fremder dem Schiff nähern, und bevor es losfährt, durchsucht es die Besatzung von unten bis oben. Und ob die Seeleute nun die Geschichte von Perce Blackborow kennen oder nicht – in den Schränken schauen sie garantiert auch nach!

Nach drei Tagen, als die »Endurance« schon ein ganzes Stück gesegelt war, wurde er entdeckt. Die Strafpredigt des Kapitäns hatte es in sich, aber das war noch nicht das Schlimmste, was Perce auf dieser Fahrt geschah. Im Oktober

Der Eisbrecher muss genauso breit sein wie die Schiffe, denen er den Weg bahnen soll. Sonst ist die Fahrrinne zu klein und die Handelsschiffe kommen nicht durch.

Wie funktioniert ein Eisbrecher?

Wenn Eis das Meer bedeckt, können normale Schiffe nicht fahren, sie kommen einfach nicht mehr voran. Jetzt ist die Stunde der Eisbrecher gekommen. Die knacken das Eis auf und machen so eine Rinne frei, in der andere Schiffe fahren können. Die besten Eisbrecher können sogar zweieinhalb Meter dickes Eis brechen und bis zum Nord- und Südpol vordringen.

Solche Schiffe haben eine besonders dicke, gepanzerte Hülle, die nicht so leicht von schweren, scharfen Eisplatten oder Eisbergen beschädigt werden kann. Durch diese verstärkte Hülle kann sich der Eisbrecher ins zugefrorene Meer hinauswagen und an die Arbeit machen:

1. Als Erstes schiebt der Eisbrecher seinen gepanzerten, speziell geformten Bug mithilfe besonders starker Motoren auf das Eis hoch.

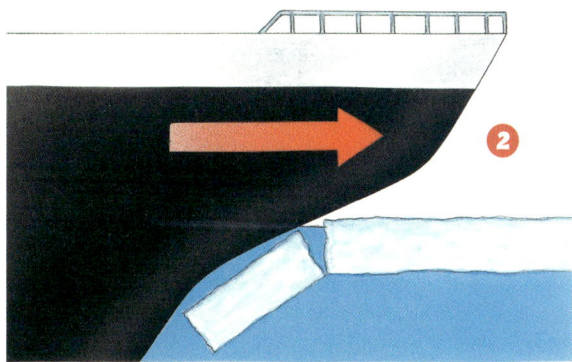

Durch die flache Form des Bugs schiebt sich das Schiff beim Fahren auf das Eis.

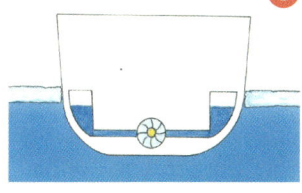
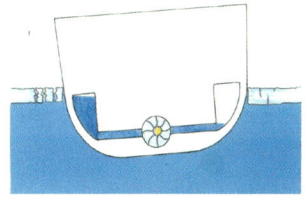

paarmal vor und zurück und versucht es noch einmal. Nach ein paar Anläufen klappt es meistens.

3. Um eine Eisschicht rechts und links neben dem Schiff kaputt zu machen, haben moderne Eisbrecher einen Trick auf Lager: Sie können seitlich hin- und herwackeln wie ein Stehaufmännchen. Das schaffen sie, indem sie ganz schnell Wasser zwischen Tanks in ihrem Inneren hin- und herpumpen.

2. Jetzt lastet das gewaltige Gewicht des Schiffs auf der Eisschicht und lässt sie zerbrechen wie Glas. Schafft das Schiff es nicht gleich, das Eis zu brechen, dann fährt es ein

Wenn es richtig kalt ist, friert das offene Wasser meist nach ein paar Stunden wieder zu. Dann fängt alles von vorne an. Deshalb haben die Eisbrecher den ganzen Winter über viel zu tun.

Wenn ein ganz neuer Eisbrecher entwickelt wird, erproben die Planer erst einmal mit einem großen Modell des Schiffs, ob es sich wirklich bewährt. Im Forschungsbecken kann man die gewünschte Eisdicke ganz genau einstellen.

Was ist mit der »Titanic« passiert?

73 Jahre nach dem Untergang fanden Tauchboote das Wrack der »Titanic« und machten Bilder davon.

Ausgerechnet auf seiner allerersten Fahrt rammte das riesige, prächtige Passagierschiff »Titanic« einen Eisberg und ging unter. Und das, obwohl seine Erbauer behauptet hatten, die »Titanic« könne gar nicht sinken! Es war eine der größten Schiffskatastrophen aller Zeiten.

Der Unfall geschah in der Nacht des 14. April 1912, während die »Titanic« von Irland nach New York (USA) fuhr. Viele Passagiere waren schon zu Bett gegangen, aber die Offiziere und andere Besatzungsmitglieder waren natürlich wach. Kapitän Edward Smith war per Funk von anderen Schiffen gewarnt worden, dass Eisberge in dieser Gegend trieben. Eigentlich hätte er in der Dunkelheit langsamer fahren oder ganz anhalten müssen. Doch er fuhr genauso schnell weiter wie bei Tag – vielleicht weil er auf der allerersten Fahrt unbedingt pünktlich in New York ankommen wollte. Nur zwei Matrosen, noch dazu ohne Fernglas, hielten hoch oben im Mastkorb Ausschau nach Gefahren.

Einer von ihnen sah den Eisberg und gab sofort Alarm. Doch es war zu spät, um ihm noch ganz auszuweichen. Das harte Eis schlitzte die Stahlhaut der »Titanic« im vorderen Bereich der Steuerbordseite auf. Eine Menge Wasser begann, in den Schiffsrumpf zu laufen. Die Besatzung drängte die Passagiere, in die Rettungsboote zu steigen. Aber viele wollten gar nicht! Zu Anfang war nämlich wenig davon zu merken, dass die »Titanic« sank. Erst zweieinhalb Stunden nach dem Unfall, als das Schiff schon ganz schief im Wasser lag, bekamen die Leute richtig Angst.

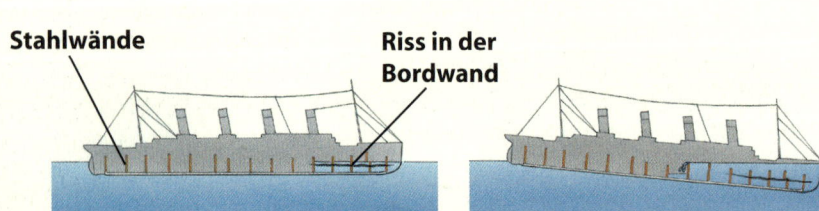

Die »Titanic« galt deshalb als »unsinkbar«, weil im Inneren des Schiffs Abteilungen waren, die man dicht machen konnte, wenn irgendwo Wasser eindrang. Nur leider waren deren Wände nicht hoch genug, sodass das Wasser von einer Abteilung in die nächste überschwappte.

Das Problem war nur, dass zu wenige Rettungsboote an Bord waren. Deshalb überlebten von den 2201 Menschen nur 706. Sie wurden von einem anderen Schiff gerettet und an Land gebracht. Es hatte die Notrufe der »Titanic« gehört und sie zuerst für einen Scherz gehalten, denn war dieses Schiff nicht »unsinkbar«? Nach der Katastrophe wurde es zum Glück Vorschrift, dass jedes Schiff genügend Rettungsboote für alle Menschen an Bord dabeihaben muss.

Ganz zum Schluss ragte noch das Heck der »Titanic« in die Höhe, dann versank es auch. Bis zwei Minuten vor dem Untergang gab es im Schiff Strom – deshalb war es hell erleuchtet.

Wie viel passt auf einen Flugzeugträger drauf?

Flugzeugträger sind Schiffe, auf denen Kampfflugzeuge starten und landen können. Unglaublich, aber wahr: Auf einem Flugzeugträger wie zum Beispiel der »USS Eisenhower« arbeiten und leben etwa 6000 Menschen, so viele wie in einer kleinen Stadt! Außerdem hat das riesige Schiff noch ein paar Hubschrauber und bis zu 85 Flugzeuge an Bord.

Nicht alle davon passen an Deck. Deshalb gibt es riesige »Flugzeuggaragen« im Inneren. Mit Aufzügen werden die Maschinen nach oben befördert, wenn sie gebraucht werden.

Um überhaupt so viele Menschen auf dem Schiff unterzubringen, schlafen die Besatzungsmitglieder in mehrstöckigen Betten, die man Kojen nennt. Weil auf einem Flugzeugträger Tag und Nacht Betrieb ist, bekommen die Piloten und Matrosen auch

1. Flugkontrollzentrum
2. Brücke
3. Radar
4. Flugdeck
5. Büros
6. Flugzeughangar
7. Lager
8. Messe (Großküche)

rund um die Uhr warmes Essen. Wenn die Besatzung mal frei hat, kann sie die Fitnessräume, ein Basketballfeld oder die Bibliothek benutzen.

Am meisten los ist natürlich oben, auf dem Deck der »USS Eisenhower«. Wenn nötig, kann dort alle dreißig Sekunden ein Flugzeug starten. Normalerweise brauchen solche Militärflugzeuge eine lange Start- und Landebahn. Um die Strecke abzukürzen, werden die Maschinen mit einer Art Schleuder fast schon in die Luft geschossen. Beim Landen müssen sie mit einem Haken, der hinten am Flugzeug angebracht ist, eins von mehreren Bremsseilen aus Stahl erwischen. Die halten das Flugzeug fest und stoppen es innerhalb von ein paar Metern.

> Auf einem Flugzeugträger zu landen, ist sehr schwierig. Besonders nachts oder bei hohen Wellen kommt es ab und zu vor, dass eine Landung schiefgeht und das Flugzeug über die Seite des Schiffs ins Wasser stürzt. Normalerweise verhindern aber Fangnetze solche Unfälle.

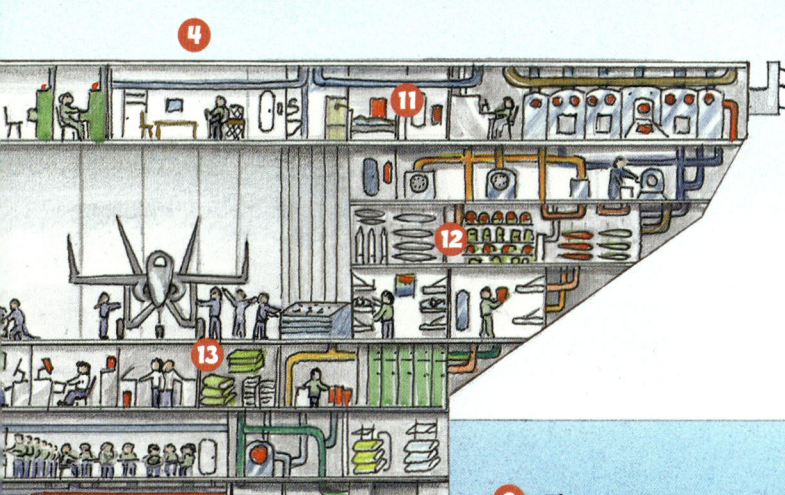

- ⑨ **Fitnessraum**
- ⑩ **Maschinenraum**
- ⑪ **Offizierskabinen**
- ⑫ **Ausrüstungslager**
- ⑬ **Unterkünfte**
- ⑭ **Hilfsmaschinen**
- ⑮ **Doppelboden**

49

Wie wird man Kapitän?

Vor hundert Jahren war die Sache klar: Man ging einfach nicht mehr in die Schule, sondern marschierte frech zum Hafen und ließ sich als Schiffsjunge anheuern. Man schrubbte fleißig das Deck und durfte dafür jede Menge ferne Länder sehen. Nach ein paar Jahren wurde man, wenn man tüchtig war und Glück hatte, Kapitän. Leider funktioniert das heute nicht mehr. Wer zur See fahren möchte, braucht eine richtige Ausbildung.

Wenn ihr euch dafür bewerben wollt, müsst ihr gesund sein, und es sollte euch nichts ausmachen, dass ihr als Kapitän oder Kapitänin ständig unterwegs sein werdet. Wichtig ist auch, Englisch zu können, denn das ist die Sprache der Seefahrer in aller Welt. Außerdem hilft es natürlich, wenn ihr keine Angst vor Wasser habt und nicht so leicht seekrank werdet.

Es gibt zwei Wege, um Kapitän zu werden. Der erste Weg besteht darin, mit 16 Jahren eine Ausbildung zum Schiffsmechaniker anzufangen. Drei Jahre dauert sie. Erst einmal lernt ihr an Land, was ihr über Schiffe wissen müsst, wie man Ersatzteile für das Schiff herstellt, Menschen aus Seenot rettet und Brände auf einem Schiff bekämpft. Dann dürft ihr an Bord gehen, wahrscheinlich auf einem Containerschiff. Dort übt ihr fast zwei Jahre lang, wie man den riesigen Dieselmotor richtig behandelt, wie man ein Schiff an Land festmacht, was man beim Dienst auf der Brücke beachten muss, und vieles mehr. Deckschrubben gehört natürlich immer noch dazu.

Wenn ihr Kapitän werden wollt, müsst ihr nach dieser Ausbildung noch auf die Fachschule gehen und danach fleißig Erfahrungen auf Schiffen sammeln. Irgendwann ist es dann so weit: Ihr werdet Offizier und schließlich Kapitän.

Wenn ihr gute Schulnoten habt, könnt ihr auch den zweiten Weg gehen und gleich das Fach Nautik, also Schifffahrtskunde, studieren. Ein Jahr Dienst an Bord eines Schiffs gehört zum Studium dazu. Habt ihr fertig studiert, seid ihr gleich Offizier und nach ein paar Jahren Kapitän.

Den Beruf des Matrosen gibt es eigentlich nicht mehr. Heute werden »Schiffsmechaniker/innen« ausgebildet. Obwohl das sehr technisch klingt, lernen sie nicht nur, wie man ein Schiff repariert.

Die Auszubildenden lernen, sich um die Maschinen im Inneren eines Schiffs zu kümmern. Ölverschmierte Hände bekommt man dabei nur noch selten, denn die meisten Anlagen werden automatisch gesteuert.

Welches Schiff ist das größte der Welt?

Es gibt nicht nur *ein* größtes Schiff der Welt, es ist sogar eine ganze Riesenfamilie. Mit ihren 397 Metern sind die »Emma Maersk« und ihre gleich großen »Geschwister« Estelle, Eleonora, Evelyn, Ebba, Elly, Edith und Eugen Maersk zurzeit die größten Schiffe der Welt.

Baujahr: **2007**
Länge: **397 Meter**
Breite: **56 Meter**
Leergewicht: **115 000 Tonnen**
Tiefgang: **15,5 Meter**
Container: **11 000 bis 15 000**

So sieht es aus, das zurzeit größte Schiff der Welt. Obwohl es so riesig ist, arbeiten an Bord nur 13 Menschen.

Sie alle sind Frachtschiffe und sollen so groß wie möglich sein, damit sie viele Container befördern können. Aufgabe der »Emma Maersk« und ihrer Geschwister ist es, Waren zwischen Europa und China zu transportieren. Fast ohne Pause sind sie, mit Containern beladen, auf dem Meer unterwegs. Jedes von ihnen verbraucht dabei am Tag so viel Treibstoff wie ein Auto in hundert Jahren.

Die »Emma Maersk« im Größenvergleich:

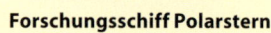
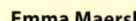

Kolumbus' Schiff Santa Maria **Forschungsschiff Polarstern** **Emma Maersk**

Menschen wechseln selten den Namen – Schiffe öfter mal. Die »Jahre Viking« wurde jedes Mal, wenn sie verkauft wurde, umbenannt und hieß auch schon »Porthos«, »Seawise Giant«, »Knock Nevis« und »Mont«.

Viele andere Schiffe wirken neben »Emma Maersk« winzig. Doch es gab einmal ein Schiff, das sogar noch sechzig Meter länger war als sie: Der Öltanker »Jahre Viking« hielt lange den Rekord, das größte Schiff der Welt zu sein, bis er 2010 verschrottet wurde.

Leicht hatte es dieser Riese der Meere nicht: In die meisten Häfen passte er nicht hinein. Auch viele wichtige Abkürzungen konnte er nicht benutzen, weil sein Tiefgang zu groß war, er also mit der Unterseite zu weit ins Wasser hineinragte. Im Suez-Kanal und im Panama-Kanal wäre die »Jahre Viking« auf Grund gelaufen. Nicht mal zwischen England und Frankreich durfte sie hindurchfahren, obwohl das Meer dort tief genug und an der engsten Stelle immer noch 34 Kilometer breit ist. Doch die Behörden hatten Angst, der riesige, schwerfällige Tanker könnte mit anderen Schiffen zusammenstoßen.

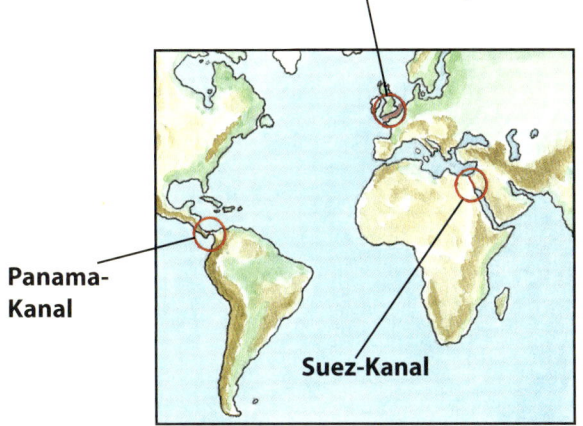

Ärmel-Kanal zwischen Frankreich und England

Panama-Kanal

Suez-Kanal

Kein Wunder also, dass die »Emma Maersk« und ihre Geschwister eine Nummer kleiner gebaut wurden!

Mauslexikon

Besatzung: So nennt man die Menschen, die an Bord arbeiten. Alte Segelschiffe hatten oft mehrere Hundert Mann Besatzung, moderne Handelsschiffe kommen mit einem Dutzend aus. Ein häufig benutztes Wort für Besatzung ist der englische Begriff Crew (sprich: kru).

Brücke: Der große Raum, von dem aus ein Schiff gesteuert wird. Manchmal auch Ruderhaus genannt.

Bug: Der vordere Teil eines Bootes oder Schiffs. Den hinteren nennt man Heck.

Container: Sechs Meter lange Metallbox, in der man Waren aller Art von einem Ort zum anderen bringen kann. Container lassen sich leicht auf Schiffe, Züge und Lastwagen laden. Sehr große Containerschiffe können 10 000 davon an Bord nehmen.

Dock: Abtrennbarer Bereich des Hafens. Beispielsweise ist ein Trockendock eine Art »Parkplatz«, in den das Schiff hineinfahren kann. Dann wird das Dock durch ein Tor verschlossen und leer gepumpt, sodass das Schiff auf dem Trockenen liegt und repariert werden kann.

Einbaum: Boot, das aus einem einzelnen Baumstamm angefertigt ist. Der Stamm wird entweder mit Werkzeugen ausgehöhlt oder mithilfe von Feuer.

Fahrrinne: Eine Art »Straße« im Wasser. Damit Schiffe wissen, wo sie entlangfahren sollen, ist die Fahrrinne oft mit roten und grünen Bojen, also schwimmenden Markierungen, gekennzeichnet. Rot bedeutet backbord (links) und Grün steuerbord (rechts).

Floß: Einfaches Wasserfahrzeug aus zusammengebundenen Baumstämmen oder Holzstangen.

Gas: Ein Gas ist ein sehr dünner, durchsichtiger und schwebender Stoff. Luft besteht aus verschiedenen Gasen.

GPS-Gerät: GPS steht für »Global Positioning System«, übersetzt »weltweites System, mit dem man feststellen kann, wo man ist«.

Kai: Das feste Ufer eines Hafens.

Kanal: Kanäle sind künstliche Flüsse, auf denen Schiffe fahren können. Nur der Ärmelkanal ist eine natürliche Wasserstraße zwischen England und Frankreich.

Kentern: Umkippen eines Bootes oder Schiffs, zum Beispiel weil der Wind zu stark von der Seite weht oder Wasser ins Innere gelaufen ist.

Knoten: Einheit, in der bei Schiffen die Geschwindigkeit gemessen wird. Ein Knoten entspricht dabei einer Seemeile pro Stunde, und eine Seemeile sind 1,85 Kilometer. Wenn ein Schiff also 10 Knoten schafft, ist es 18,5 Stundenkilometer schnell.

Koje: So nennen Seeleute ihr Bett an Bord.

Kurs: Richtung, in der ein Boot oder Schiff gesteuert wird.

Ladung: Alles, was das Schiff transportiert. Meist wird die Ladung im Inneren des Schiffs, in den Laderäumen, verstaut. Container können aber auch hoch an Deck gestapelt werden.

Leck: Ein Loch, durch das Wasser eindringt. Kann dazu führen, dass das Schiff oder Boot sinkt.

Liegeplatz: Ort, an dem das Schiff an Land festgemacht wird.

Luken: Öffnungen im Schiff, durch die man ins Innere gelangen kann. Bei schlechtem Wetter werden sie durch Abdeckungen verschlossen.

Magnet: Stück Eisen, das durch seine besonderen Eigenschaften immer zum Nordpol der Erde zeigt.

Mast: Lange Stange aus Holz oder Metall, an der die Segel festgemacht werden.

Matrosen: Seefahrer, die auf einem Schiff arbeiten und keine Offiziere sind.

Mayday: Bedeutet in der See- und Luftfahrt »Hilfe!«. Erfunden haben es die Franzosen: »M´aidez« bedeutet »Helfen Sie mir«. Weil das manche nicht richtig aussprechen konnten, wurde daraus »Mayday« (sprich: Meydey).

Nautik: Wer Nautik (Schiffskunde) studiert, der erfährt eine Menge über Schiffe und ihre Eigenschaften. Außerdem lernt er Navigation – also die Kunst, sich auf dem Meer zurechtzufinden – und erfährt, welche Gesetze und Regelungen in der Schifffahrt gelten.

Offiziere: Sie geben auf einem Schiff die Befehle. Der wichtigste Offizier an Bord ist der Kapitän, sein Stellvertreter ist der 1. Offizier. Meist gibt es auch noch einen 2. Offizier. Damit man sie unterscheiden kann, haben sie unterschiedlich viele goldene Streifen am Ärmel ihrer Uniformjacke (der Kapitän hat vier).

Radar: Gerät, das durch unsichtbare Wellen die Umgebung »abtastet« und daraus ein Bild macht.

Rumpf: Schiffskörper. Früher aus dickem Holz, heute meist aus mehrere Zentimeter dickem Stahl.

Satellit: Kleiner Raumflugkörper ohne Personen darin. Sehr viele Satelliten umkreisen die Erde und helfen mit ihren Signalen Schiffen und Flugzeugen, sich zu orientieren.

S. O. S.: Notruf aus Morsezeichen, der früher verwendet wurde, als die Schiffe noch keinen Sprechfunk an Bord hatten. Besteht aus drei kurzen Zeichen (dem Buchstaben S), drei langen Zeichen (Buchstabe O) und wieder drei kurzen Zeichen. S. O. S. = »Save our Souls«, also: Rettet uns!

Tiefgang: Abstand zwischen der Wasseroberfläche und dem tiefsten Punkt des Bootes. Große Containerschiffe ragen oft 15 Meter tief ins Wasser hinein.

Werft: Werkstatt für Schiffe. Dort werden sie gebaut oder repariert.

Register

Anker 13

backbord 12
bergen 9
Besatzung 15
Blinder Passagier 42
Brücke 25, 40
Bug 12/13, 20, 25, 45
Bugspriet 13

Clipper 13
Container 35

Dock 25

Einbaum 4
einlaufen 37
Eisbrecher 44/45

Fahrrinne 35
Flagge 13
Flugzeugträger 48

Galionsfigur 11
Gase 25
GPS-Gerät 30

Heck 13

Kanal 53
Katamaran 26/27
kentern 9
Knoten 13, 27
Koje 48
Kolumbus 14/15
Kurs 8

Ladung 20
Leuchtturm 32/33
Liegeplatz 40

Lotse 40/41
Luke 20

Magellan 16
Masten 5
Matrosen 14, 50
Mayday 21

Nautik 50

Offiziere 15

Passagier 46

Radar 30, 34
Rumpf 26/27

Santa Maria 14/15
Satellit 30
Schiffsmechaniker 50
seekrank 18/19
Segelboot 8
Shinkai 28/29
S.O.S. 21
Stapel, vom Stapel laufen 25
steuerbord 12

Titanic 46/47
Tiefgang 53

U-Boot 28

vertäuen 40

Werft 24
Wiking, auf Wiking gehen 11
Wikinger 10/11

FRAG doch mal...

Die große Sachbuchreihe mit der Maus!

Frag doch mal ... die Maus!
Ritter und Burgen
ISBN 978-3-570-13145-9

Frag doch mal ... die Maus!
Unser Wald
ISBN 978-3-570-13146-6

Frag doch mal ... die Maus!
Autos
ISBN 978-3-570-13147-3

Frag doch mal ... die Maus!
Zeitreise
ISBN 978-3-570-13148-0

Frag doch mal ... die Maus!
Dinosaurier
ISBN 978-3-570-13149-7

Frag doch mal ... die Maus!
Flugzeuge
ISBN 978-3-570-13150-3

Frag doch mal ... die Maus!
Meere und Ozeane
ISBN 978-3-570-13151-0

Frag doch mal ... die Maus!
Mein Körper
ISBN 978-3-570-13152-7

Frag doch mal ... die Maus!
Pferde
ISBN 978-3-570-13153-4

Frag doch mal ... die Maus!
Fußball
ISBN 978-3-570-13404-7

Frag doch mal ... die Maus!
Weltall
ISBN 978-3-570-13155-8

Frag doch mal ... die Maus!
Indianer
ISBN 978-3-570-13402-3

Frag doch mal ... die Maus!
Wale und Delfine
ISBN 978-3-570-13156-5

Frag doch mal ... die Maus!
Wetter und Klima
ISBN 978-3-570-13401-6

Frag doch mal ... die Maus!
Piraten
ISBN 978-3-570-13683-6

Frag doch mal ... die Maus!
Tiere aus aller Welt
ISBN 978-3-570-13634-8

Frag doch mal ... die Maus!
Weltreligionen
ISBN 978-3-570-13622-5

Frag doch mal ... die Maus!
Unsere Erde
ISBN 978-3-570-13400-9

Frag doch mal ... die Maus!
Berühmte Entdecker
ISBN 978-3-570-13633-1

Frag doch mal ... die Maus!
Ägypten
ISBN 978-3-570-13164-0

Frag doch mal ... die Maus!
Im Zoo
ISBN 978-3-570-13163-3

Frag doch mal ... die Maus!
Vulkane und Erdbeben
ISBN 978-3-570-13844-1

Frag doch mal ... die Maus!
Wikinger
ISBN 978-3-570-13843-4

Frag doch mal ... die Maus!
Unser Garten
ISBN 978-3-570-13842-7

www.cbj-verlag.de/diemaus